Anneke Scholtens

Een nacht op een woonboot

Tekeningen van Els van Egeraat

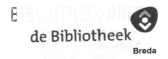

de Bibliotheek
Breda

Zwijsen

Toegekend door KPC Groep te 's-Hertogenbosch

1e druk 2006

ISBN 90.276. 6378.5

NUR 286

©2006 Tekst: Anneke Scholtens
Illustraties: Els van Egeraat
Vormgeving: Rob Galema
Uitgeverij Zwijsen B.V., Tilburg

Voor België:
Zwijsen-Infoboek, Meerhout
D/1919/2006/118

Inhoud

1. Waar is tante Mimi?

Isa mag naar tante Mimi.
Een hele week!
Tante Mimi woont ver weg.
In een grote stad.
Samen met kleine Teun.
Kleine Teun is nog maar twee.
En Isa mag voor hem zorgen.

Nu zit ze in de trein.
Ze leunt tegen papa aan.
Hij brengt haar weg.
'Je moet goed opletten,' zegt hij.
'Een grote stad is heel druk.'
Alsof Isa dat niet weet!
'Ik ben al tien,' zegt ze.
'Ik ben geen baby meer!'
Papa zucht.
'Je moet bij tante Mimi blijven.
Je mag niet alleen op straat.'
'Pfff,' doet Isa.
'Ik mag toch wel op de stoep?
Of is dat ook al eng?
Lopen daar soms beren of tijgers?'
Papa lacht een beetje zuur.
Want Isa gaat voor het eerst alleen.
Ze ging altijd met mama.
En soms met papa.
Maar nooit eerder alleen.

Dan stopt de trein.

'We zijn er!' roept Isa.
Ze pakt haar rode koffer.
Ze loopt voor papa uit.
Op het perron ziet ze tante Mimi en Teun!
Teun zit in een buggy.
Isa springt boven op tante Mimi.
'Hé! Ho!' roept tante Mimi.
Teun doet haar na.
'Hé! Ho!'
Papa geeft tante Mimi een kus.
'Pas je goed op Isa?' vraagt hij.
Begint hij nou al weer?
Isa lacht hem uit.
'Hoeveel beren zijn er in de stad?
En hoeveel tijgers?' vraagt ze.
'Lach jij maar,' zegt papa.
'Er zijn trams en auto's.
En je verdwaalt maar zo.'
'Ik let goed op,' zegt tante Mimi.

Papa gaat weer naar huis.
Hij neemt de trein terug.
Isa blijft bij tante Mimi.
Samen zwaaien ze papa uit.
Teun trekt aan Isa's jas.
'Isa! Isa!' zegt hij.
'Straks mag je spelen,' zegt tante Mimi.
'Eerst gaan we in de metro.'
'Echt?' vraagt Isa.

Dat is pas leuk.
In haar dorp rijdt alleen een bus.
En die komt niet vaak.

Isa gaat met tante Mimi een roltrap af.
Tante Mimi houdt de buggy goed vast.
Vindt Teun het niet eng?
Er staan veel mensen op de trap, zeg.
Op het perron praten ze hard.
Isa stopt haar vingers in haar oren.
Ze kijkt om zich heen.
Overal zie je reclame.
Op één muur hangt een groot bord.
Met een foto van een meisje.
Ze drinkt sap en kijkt heel blij.
Ze is vast heel beroemd.
Anders hing ze hier niet zomaar.
Isa wil alle borden zien en lezen.
Ze draait in het rond.
Er klinkt een donker gebrom.
Daar komt de metro aan!
Isa voelt het in haar buik.
Ze blijft dicht bij tante Mimi.

In de metro is het druk.
Tante Mimi vindt een stoel.
Maar Isa blijft staan.
Zo kan ze veel meer zien.
In de tunnel is het donker.
Maar bij de haltes zie je van alles.
Er zijn vrouwen met mooie jurken.

Mannen met rare hoeden.
Mensen met heel veel tassen.
Een man met een rugzak stapt in.
Die past er toch niet meer bij!
Hij drukt alle mensen plat.
Op het perron staat een jongen.
Hij houdt zijn hand op.
Wil hij geld?
En krijgt hij dat ook?
Isa schuift dichter naar de deur.
Dat wil ze zien!
Dan krijgt ze een por.
'Loop eens door,' zegt een vrouw.
'Je staat in de weg.'

Naast Isa stapt tante Mimi naar buiten.
Hè? Zijn ze er al?
Isa loopt vlug met haar mee.
'Moeten we ver?' vraagt Isa.
Ze kijkt op.
Maar de vrouw naast haar kijkt niet terug.
Ze loopt zomaar weg!
Is dat tante Mimi wel?
Ze heeft ook een zwarte jas, maar …
Geen buggy, geen Teun!
Het is iemand anders!
Isa draait zich om.
Ze moet terug in de metro!
Vlug, voordat hij weg rijdt!
Maar dan klinkt de bel.
Ding dong!

De deuren schuiven dicht.
De metro vertrekt.
En daar zit tante Mimi!
Nog steeds op haar zelfde plekje.
Voor het raam.
Met Teun op schoot.
Heeft tante Mimi haar wel gezien?
Weet tante Mimi wel dat zij is uitgestapt?

'Help,' zegt Isa zacht.
Ze durft niet te gillen.
Ze voelt zich heel alleen.
Daar hangt het meisje met haar sap.
Hangt die soms overal?
Ze kijkt nog steeds blij.
Ze ziet er aardig uit.
Kon zij Isa maar helpen.

2. Alleen

Isa kijkt om zich heen.
Wie kan ze iets vragen?
Alle mensen hebben haast.
Daar staat ze nou.
Haar koffer trilt in haar hand.
Hoe heet het hier?
Wat staat er op dat bord?
KOEMARKT
Wat een rare naam.
Daar heb je die jongen weer.
Die jongen die zijn hand ophield.
Naar hem wou Isa goed kijken.
Daardoor staat ze nu hier.
De jongen komt naar haar toe.
'Heb je een euro?' vraagt hij.
Isa schudt haar hoofd.
'N-nee,' zegt ze.
'Ik heb niks.
Alleen maar mijn koffer.'
En dat is nog waar ook.
Wat moet ze doen?

Isa loopt naar de trap.
De jongen loopt met haar mee.
Dat vindt Isa niet fijn!
Gauw stapt ze op de roltrap.
Ze wil naar boven toe.
En dan naar buiten.

Het is hier veel te donker.
Krijgt papa nu toch gelijk?
Is ze de weg kwijt in de stad?
Is ze echt een baby?
Nee toch zeker!

Isa komt op een plein.
Hé, wat hangt daar?
Daar bij de halte van de tram?
Een kaart van de stad?
Hoe heet de straat van tante Mimi?
Misschien kan ze die vinden.
Groenstraat?
Bloemstraat?
Of was het iets met gracht?
Bloemgracht?
Isa zoekt op de kaart.
Ja hoor, de Bloemgracht bestaat.
Zie je wel, ze kan het zelf!
Wat zal papa op zijn neus kijken.
Die denkt dat zij meteen gaat huilen.
Nou, mooi niet.
De Bloemgracht is wel ver weg.
Ze moet vast met een tram.

Bij de halte staat een vrouw.
'Kent u de Bloemgracht?' vraagt Isa.
'Ja hoor, je moet met tram 8.'
Isa glimt van trots.
Ze kan het helemaal zelf.
Wat zal tante Mimi zeggen?

Daar is de tram.

'Mag ik naar de Bloemgracht,' vraagt Isa.

'Geef je kaartje maar.'

Kaartje?

Maar dat heeft ze niet.

En ze heeft ook geen geld.

'Loop maar gauw door,' zegt de chauffeur.

Pfff, dat is aardig, zeg.

Isa kruipt bij het raam.

Zo kan ze alles goed zien.

Misschien herkent ze iets.

Ze was al eerder bij tante Mimi.

Samen met papa en mama.

De tram rijdt dwars door de stad.

Zo, die is echt groot!

'En waar ga jij naartoe?' vraagt een vrouw.

Ze heeft twee kinderen bij zich.

'Naar mijn tante,' zegt Isa.

'Reis jij alleen?'

'Ja, ik ben al tien!'

De vrouw schiet in de lach.

'Jij hebt wel lef, zeg!'

Dan klinkt de stem van de chauffeur.

'Bloemgracht!'

'Hier moet ik zijn,' zegt Isa.

Ze springt van de treeplank.

Ze kijkt rond.

Staat tante Mimi al ergens?

Nee, de Bloemgracht is heel lang.

Ze woont vast aan de andere kant.

Isa loopt en loopt.
Maar het huis van tante Mimi ziet ze niet.
Aan het eind is een park.
Ja, dat klopt!
Dat weet ze nog heel goed!
In dat park speelde ze met Teun.
Er was een vijver met een brug.
En er waren witte banken.

Isa holt naar de ingang.
Ze rent over de paden.
Waar is die vijver ook al weer?
Hoort ze al een eend kwaken?
Dan ziet Isa water.
Maar … deze vijver is anders!
Hij is niet rond.
En de banken zijn bruin.
Isa gaat even zitten.
Ze is zo moe.
Ze legt haar hoofd op de bank.
Misschien kan ze héél even …

3. Brood voor de eendjes

Hé, wat is dat?
Isa gaat rechtop zitten.
Ze wrijft haar ogen uit.
Waar is ze?
O ja, in dat park.
Wat hoort ze nou?
Bij de vijver staat een oude vrouw.
Tegen wie praat ze?
Tegen de eendjes?
'Nee Bobbie, niet zo gulzig,' zegt ze.
'Geef de andere ook eens wat.
Hé Sjaan, ben jij er ook weer?'
De vrouw strooit stukjes brood.
Dat zou Isa ook wel willen.
Die stukjes brood.
Maar niet om te strooien.
Ze lust ze zelf wel!
Ze heeft echt honger!

Isa loopt op de vrouw af.
Ze kijkt naar de zak.
En naar de witte vlokken op het water.
'Wil jij ook?' vraagt de vrouw.
'Heel graag,' zegt Isa.
Ze krijgt drie sneetjes.
Meteen hapt ze in een korst.
De oude vrouw kijkt verbaasd.
Maar ze zegt niks.

Ze lacht naar de eenden.

'Bijna op, jongens!' roept ze.

'Niet vechten daar!'

Dan schudt ze de zak uit.

'Zo, we gaan naar huis.'

Isa voelt een hand op haar schouder.

'Ga je mee?'

Mee? Met deze vrouw?

'Ik moet naar tante Mimi,' zegt Isa.

De vrouw hoort het niet.

'We gaan pannenkoeken bakken,' zegt ze.

Oef, daar heeft Isa wel zin in!

De vrouw steekt haar hand uit.

'Kom Mira,' zegt ze.

Mira?

'Ik ben Isa,' zegt Isa.

Haar maag knort hard.

Alsof er een varken in zit.

Mmm, pannenkoeken.

Ze geeft de vrouw een hand.

Samen lopen ze het park uit.

Het kan wel, denkt Isa.

Het is goed om eerst te eten.

'Hoe is het met de vissen?' vraagt de vrouw.

'Welke vissen?' vraagt Isa.

'Ha, ha, ha,' lacht de oude vrouw.

'Jij bent een grapjas!

Heeft de poes ze soms al op?'

'N-nee,' zegt Isa.

Isa heeft wel een poes.

Roos heet ze.
Maar vissen heeft ze niet.
De oude vrouw houdt Isa goed vast.
Dat voelt wel fijn.
Zo kan er niks gebeuren.
Die vrouw is zo aardig.
Dat is heus geen heks.
Het is een lieve oma.
Dat zie je zo.

Ze lopen langs een gracht.
Tot de vrouw stilstaat.
'We zijn er!' zegt ze.
Hè? Waar is haar huis dan?
Woont die vrouw op een boot?
De vrouw rommelt in haar tas.
Ze zoekt onder de mat voor de deur.
Ze kijkt onder een bloempot.
'Aan de spijker!' roept iemand.
Het is de buurman.
Die zit buiten iets te drinken.
'Dank je wel!' roept de vrouw.
Ze pakt een sleutel van een spijker.
Dan steekt ze hem in het slot.
'Mira is er!' roept ze.
'Nee,' zegt Isa zacht.
'Fijn!' roept de buurman.
'Veel plezier!'
Isa haalt haar schouders op.
Dan heet ze maar even Mira …

4. Op de woonboot

Achter de deur is een trap.
Een steile trap naar beneden.
Isa houdt zich goed vast.
Stap voor stap daalt ze af.
Wat is het hier donker.
Tot de vrouw het licht aan doet.
Er is een echte kamer in die boot!
In het midden staat een tafel.
Met van alles erop.
Lappen stof en bollen wol.
Flesjes, pennen en papier.
Ook de kasten puilen uit.
Er staan boeken in.
Maar ook doosjes en schaaltjes.
Op een plank zitten wel tien poppen.
Hun benen zwaaien over de rand.
En overal zijn kleine briefjes.
Ze liggen op de planken.
Ze zijn aan de muur geprikt.
Of aan een deur geplakt.
DEUR DICHT staat erop.
GAS UIT.
BROOD KOPEN.
Isa kijkt ernaar.
Is het geheimtaal?
Of vergeet de oude vrouw alles?

'Pino wacht al op je,' zegt de vrouw.

Pino? Wie is dat nou weer?

Isa probeert het nog één keer.

'Ik ben Isa,' zegt ze.

'Ik ben Mira niet.'

Mira is natuurlijk een ander meisje.

Een meisje dat hier vaak komt.

Mira weet vast wél wie Pino is.

Maar waar is Mira?

Is Mira soms ook verdwaald?

Staat Mira ergens te wachten?

Op deze lieve, oude vrouw?

Zou dit de oma van Mira zijn?

Maar de oude vrouw lacht alleen maar.

'Pino is daar!' zegt ze.

Ze wijst naar een smalle gang.

Isa loopt erheen.

Daar is nog een kamer.

Een heel kleine kamer.

Met een heel klein bed.

In een hoek ligt een rode poes.

Pino dus.

Isa aait hem over zijn kop.

En Pino likt haar hand.

Die denkt zeker ook dat zij Mira is.

Dan ziet Isa iets geks.

Pino ligt niet in een mand.

Hij ligt in een hoed.

Een zwarte hoed met een veer.

En er zijn wel meer rare dingen.

Een lamp met een muts op.

Een halve beschuit op een stoel.
Een bril in een schoen.
De vrouw vergeet niet alleen van alles.
Ze stopt ook dingen op rare plaatsen!

Deze kamer is ook al zo vol.
Ook hier staan veel kleine doosjes.
Isa pakt er een op.
Er steekt een krom armpje uit.
Kun je daaraan draaien?
Dan schrikt Isa.
Bijna laat ze het doosje vallen.
Er klinkt een droevig wijsje.
Het doosje maakt muziek!
Pino wist dat zeker al.
Hij kijkt er sloom naar.
Door het raam zie je het water.
En de eenden!
Ze zwemmen vlak langs de boot!
Een klimt er zelfs op de rand.
Die krijgen vast vaak brood.
Naast het bed staat een foto.
Er staat een jonge vrouw op.
En een lachend meisje.
Ze heeft donker haar net als Isa.
En ook twee staartjes.
Mira?
Isa knijpt haar ogen tot spleetjes.
Ja, als je zo kijkt …
Dan lijken ze wel op elkaar.
Opeens beweegt de boot.

Het voelt heel gek.
Alsof je op een schommel zit.
Hoe kan dat?
Er is toch niks aan de hand?
Er gebeurt toch niet iets engs?
Dan klinkt er gebrom.

Er schuift een bootje voorbij.
Het maakt golven in het water.
Dat is alles.
Als je slaapt is dat vast fijn.
Maar eh … slapen?
Zij gaat hier alleen maar eten, hoor.
Daarna gaat ze tante Mimi zoeken.
Wat zal papa zeggen?
Als hij hoort dat ze op een boot was?
Op een woonboot?
En dat ze daar gegeten heeft?
Goed gedaan, Isa!
Ik dacht dat je zou gaan huilen.
Omdat je de weg kwijt was.
Maar jij redt je wel!
Jij bent echt stoer, zeg!
Ja, want alles komt goed.
Toch?

5. Wonen in een puzzel

Nu ruikt Isa iets lekkers.
Haar maag roept hoera!
Het klinkt als 'knor!'
Ze holt terug naar de kamer.
Nu pas ziet ze de keuken.
Nou ja, keuken …
Er is een fornuis.
Het staat in een hoek van de kamer.
Maar je kunt er goed op bakken.
Pannenkoeken!
De vrouw heeft al een hele stapel.
Ze gooit er één in de lucht.
En ze vangt hem ook weer.
Zo, dat kan ze goed!

'Dek jij de tafel?' vraagt ze.
'Ja!' zegt Isa.
'Maar waar staat alles?'
'Gekke Mira!' lacht de vrouw.
Ze trekt Isa tegen zich aan.
'Waar alles altijd staat.
Ik ben zo blij dat je er bent.
Ik heb je al zo lang niet gezien!'
Isa zoekt in alle kastjes.
Er is een kastje met een klok erin.
En een kastje met een plant.
Maar dan ziet Isa de borden.
Er liggen messen en vorken op.

Isa legt alles klaar.
Ze vindt zelfs de stroop en de suiker.
Die staan gewoon op een plank!
En kijk, daar is de stapel al.
Isa maakt haar letter van stroop.
Ze neemt een hap.
Ze knijpt haar ogen dicht.
Mmm, zo lekker!

Na het eten helpt Isa met opruimen.
En daarna doen ze de afwas.
'Zal ik voorlezen?' vraagt de vrouw.
'Maar ...' begint Isa.
'Ik moet naar tante Mimi.'
'Tante Mimi?' vraagt de oude vrouw
Het is net of ze het nú snapt.
En Isa vertelt het hele verhaal.
De oude vrouw denkt diep na.
Begrijpt ze het nou?
Of niet?
Isa wil tante Mimi bellen.
Maar ze weet het nummer niet.
En het adres weet ze ook niet.
Moet ze dan toch papa bellen?
'Heeft u een telefoon?' vraagt Isa.
De oude vrouw knikt.
Ze loopt naar de kast.
Daar staat een stuk van de telefoon.
Maar de hoorn is er niet.
De vrouw kijkt om zich heen.
Ze zoekt op het fornuis.

Ze gluurt onder de bank.
En tussen de rij poppen.
Isa helpt mee.
De hoorn is nergens!

'Ha, kijk eens hier!' roept de vrouw.
Ze pakt een puzzel uit de kast.
'Kom,' zegt ze.
'Die gaan we maken.'
Maar dat zochten ze toch niet!
Ze waren op zoek naar de hoorn!
De oude vrouw is dat vergeten.
Ze gooit de puzzel op tafel.
En zacht zingt ze een liedje.
Wat moet Isa doen?
Buiten is het al donker.
Waar moet ze heen?
De oude vrouw is heel lief.
Maar wel een beetje in de war.
Ze kan Isa niet helpen.
Moet Isa een nacht hier blijven?
Morgen is het weer licht.
Dan vinden ze de telefoon wel.
Isa schuift op een stoel.

Wat een mooie puzzel is dat, zeg.
Op het deksel zie je een foto.
Er staat een groot, wit huis op.
De oude vrouw kijkt ernaar.
Ze wijst naar een raam.
'Daar sliep ik,' zegt ze.

'Vroeger?' vraagt Isa.

De vrouw denkt na.

Boven haar ogen komt een rimpel.

'Ja,' zegt ze.

'Toen ik een meisje was.'

Zou dat echt zo zijn?

Is dit een foto van vroeger?

Van toen zij klein was?

Is daar een puzzel van gemaakt?

'Een mooi huis,' zegt Isa.

'Ja,' zucht de oude vrouw.

'Ik woon in een puzzel.'

En dan moet ze zelf lachen.

Eigenlijk is het waar, denkt Isa.

Want als je alles vergeet,

dan woon je toch in een puzzel?

6. Een nacht op een woonboot

Isa gaapt.
'Je moet naar bed,' zegt de vrouw.
Maar waar moet Isa slapen?
De oude vrouw loopt naar de gang.
Ze komt terug met een kleed.
En dan weer met een kussen.
Ze maakt een bed op de bank.
'Ga maar liggen,' zegt ze.
Isa trekt haar schoenen uit.
Ze wast haar gezicht bij de kraan.
Dan kruipt ze onder het kleed.
Zo gek heeft ze nog nooit geslapen.
Met al haar kleren aan.
'Oma leest nog even voor,' zegt de vrouw.
'Luister maar.'

Isa gluurt naar het boek.
Maar dat is een boek voor kleuters!
Het heet 'De drie beren.'
Isa kent het uit haar hoofd.
Over een meisje dat verdwaalt.
En bij drie beren terecht komt.
De oude vrouw leest langzaam.
Hè, hè, het is uit.
Blij klapt ze het boekje dicht.
'Was het mooi?' vraagt ze.
'Ja,' zegt Isa.
Ze doet haar ogen dicht.

Er klinken nog wat geluiden.
De vrouw praat tegen de poes.
Dan kraakt het bed.
De vrouw gaat ook slapen.

Toch is het niet stil op de boot.
Af en toe piept er iets.
En je hoort het water.
Die boot is toch niet lek, hè?
Isa denkt aan het verhaal.
Waarom las de oude vrouw dat voor?
Weet ze dat Isa verdwaald is?
Dat ze naar tante Mimi moet?
Wil ze Isa soms hier houden?
Is haar telefoon niet echt kwijt?
Heeft ze hem gewoon verstopt?
Isa's hart bonkt.
Dat kan toch niet?
Het is toch een lieve oude vrouw?
Geen heks die haar wil vangen?

Help, wat hoort ze nou?
Is er iemand aan het zagen?
Zagen ze de boot door?
Het komt uit de kleine kamer.
Isa durft zich niet te bewegen.
Ze wil onder het kleed blijven.
Ze stopt haar vingers in haar oren.
Is het soms snurken?
Maar dat doen vrouwen toch niet?
Is het dan geen vrouw?

Geen lieve oude vrouw?
Is het soms een enge man?
Isa rilt onder haar kleed.
Ze denkt aan papa.
Papa heeft gelijk.
Het is heel eng in de grote stad.
Soms verdwaal je.
Een lieve oma neemt je mee.
Maar 's nachts wordt ze een enge vent.
Of niet?
Isa weet het nog niet zeker.
Ze is ook zó moe.
En die boot schommelt zo …

Isa schrikt wakker.
Hè? Wat? Waar zijn die beren?
Ze schiet rechtop.
En dan begrijpt ze het.
Ze heeft gedroomd.
Er zijn geen beren.
Beren wonen in het bos.
Maar die boot?
Heeft ze die ook gedroomd?
Nee, daar zit ze nog steeds.
En die lieve oma …
die misschien een enge man is …
is er ook nog steeds.
Ze hoort hem snurken.
Nou moet ze nog plassen ook .
Haar bed uit …
Langs die kleine kamer…

Maar het kan niet anders.
Ze moet zo nodig.

Isa sluipt naar de gang.
Als hij haar maar niet pakt!
Maar het gesnurk gaat door.
Isa gaat op de koude wc zitten.
Ze doet een grote plas.
Nu gauw terug.
Ze doet de deur open en …
Ah! Er springt iets tegen haar aan.
Aaaaah! Isa gilt het uit.
Miaaaauw! klinkt het.
Het was Pino.
Hij wilde met haar spelen.
Midden in de nacht!
En zij stond op zijn staart.

Isa rent naar de kamer.
Daar komt iemand aan.
'Is er iets?' vraagt een stem.
'N-nee,' zegt Isa.
'Ik moest een plas.'
'Dan is het goed.
Slaap maar lekker.'
Het is helemaal niet goed, denkt Isa.
Die stem klonk wel lief, maar …

7. Dáár is-ie!

Isa wordt wakker van de zon.
Hij schijnt in haar gezicht.
Het is zeker mooi weer.
Ze schuift onder het kleed vandaan.
Dan ziet ze Pino.
Hij heeft bij haar geslapen.
Tegen haar buik.
Isa heeft het niet eens gemerkt.
Want dat doet Roos ook altijd.
Ze kijkt rond.
Wat ziet alles er anders uit!

De kamer is licht en zonnig.
De poppen in de kast lachen naar haar.
Er zijn geen enge geluiden meer.
Je hoort het water nog wel.
Maar overdag lijkt dat niet eng.
Isa wrijft over haar maag.
Ze zou best wat brood lusten.
Zou er nog wat over zijn?
Of was alles voor de eenden?
Op een plank staat een trommel.
Zou daar brood in zitten?
Bij de oude vrouw weet je het nooit.
In de kastjes staan planten.
Of klokken.
Isa klapt het deksel open en …
Hé, daar is-ie!

De hoorn van de telefoon!
Die was goed verstopt, zeg!
Daar zoek je nooit!
Er ligt een briefje naast.
MORGEN KOMT MIRA staat erop.
Hè? Morgen?
Maar dat briefje is van gisteren, dus …
Komt de echte Mira vandaag?

Daar heb je de oude vrouw.
Ze lacht naar Isa.
'Heb je goed geslapen?' vraagt ze.
Isa staart haar aan.
Opeens is ze weer een lieve oma.
Ze lijkt niet eens op een enge man.
Maar vannacht leek alles zo anders.
Zo …
'Of snurkte ik weer heel hard?'
'Nee hoor,' zegt Isa.
'Ik heb niks gehoord.
Maar kijk eens wat ik heb!'
Trots houdt ze de hoorn omhoog.
'Hé! Waar lag hij nou?'
'In die trommel,' zegt Isa.
 De oude vrouw kijkt verbaasd.
Maar dan lacht ze.
'Ik weet het al weer!' zegt ze.
'Ik zocht brood voor de eendjes.
En toen ging de telefoon.'
Ze heeft weer een denkrimpel.
'Was het Mira?' vraagt Isa.

'Mira?' vraagt de vrouw.
'Ja, Mira komt vandaag!'
De vrouw gaat op de bank zitten.
Ze kijkt naar Isa.
Ze snapt iets niet.
'Ik ben Isa,' zegt Isa.
'En vandaag komt Mira.'
'Ja natuurlijk,' zegt de vrouw.
'Soms vergeet ik wel eens iets.'
'Dat is zo,' zegt Isa.

8. Mira en Isa

Nu belt Isa gauw met papa.
'Waar ben je?' schreeuwt hij.
Het doet pijn aan Isa's oor.
'Ik ben …' begint ze.
'Ik ben bij een oude vrouw.'
'Een oude vrouw?
Wat doe je daar?'
'Ik heb hier geslapen,' zegt Isa.
En dan vertelt ze alles.
Van de metro die wegreed.
En van het park.
En van de vrouw en de eendjes.
Papa snapt er niks van.
'En waarom heb je niet gebeld?
Waarom heeft die vrouw niet gebeld?
Ik wil haar spreken!'
Oei, papa klinkt heel boos.
De oude vrouw kijkt bang.
Ze hoort papa's stem.
Zó hard schreeuwt hij.
'Dat kan niet, pap.
Die vrouw is …
Ze woont in een puzzel.'
'Wát zeg je?'
'Ik leg het je wel uit.'
'Geef snel het adres,' zegt papa.
'Dan komen we je halen.'
Het adres?

Ja, waar is ze eigenlijk?

Op tafel ligt een brief.

Daarop staat het precies.

'Bloemgracht bij nummer 15,' leest Isa.

'Bij?'

'Ja, ik ben op een woonboot.

Vlak bij nummer 15.'

Papa zucht.

Dan hangt hij op.

De oude vrouw kijkt nog steeds bang.

'Alles is goed,' zegt Isa.

'Vandaag komt Mira.'

De vrouw knikt.

Isa springt op.

Vandaag gaat ze echt naar tante Mimi!

En naar kleine Teun.

Samen met de oude vrouw eet ze brood.

Ze zijn net klaar, als de bel gaat.

'Papa!' roept Isa.

Ze rent naar de deur.

Maar het is papa niet.

Daar staat de vrouw van de foto.

Is dat de dochter?

Met naast haar het lachende meisje.

Is dat de kleindochter?

'Hé,' zegt het meisje.

'Wie ben jij?'

'Ik ben Isa,' zegt Isa.

'En jij bent Mira.'

'Hoe weet jij dat?'

Tja, leg dat maar eens uit.

Even later gaat de bel opnieuw.
Nu zijn het papa en tante Mimi.
Isa wordt opgetild.
Al is papa nog steeds boos.
'Waarom bleef je niet staan?' bromt hij.
Isa vertelt alles.
De dochter van de oude vrouw knikt.
'Mijn moeder vergeet veel,' zegt ze.
'Maar ze zorgde goed voor Isa,' zegt papa.
De oude vrouw lacht.
Begrijpt ze wat papa zegt?
'Waar is je bril, mam?' vraagt de dochter.
'Dat weet ik,' zegt Isa.
Ze holt naar de kleine kamer.
Ze vist de bril uit de schoen.
En ze geeft hem aan de oude vrouw.
De vrouw zet hem op .
Ze kijkt naar Isa.
En dan naar Mira.
'Mira en Isa,' zegt ze.
Snapt ze het nu?

Zoeklicht

De serie Zoeklicht is bestemd voor kinderen van 9 tot en met 12 jaar. De boeken zijn spannend, maar ook heel toegankelijk. Er zijn vier leestechnische niveaus:

Zoeklicht start	AVI 3
Zoeklicht *	AVI 4
Zoeklicht **	AVI 5
Zoeklicht ***	AVI 6-7